Bibliographie

der amtlichen Materialien

zum

Bürgerlichen Gesetzbuche für das Deutsche Reich

und zu seinem Einführungsgesetze

zusammengestellt von

Dr. jur. Georg Maas,
Bibliothek-Assistent bei dem Reichsgericht.

Berlin SW.48
Wilhelmstr. 119/120.
J. Guttentag, Verlagsbuchhandlung.
1897.

Vorbemerkung.

Binnen Kurzem werden die Protokolle der Kommission für die zweite Lesung des Entwurfes unseres Bürgerlichen Gesetzbuches im Buchhandel erscheinen. Damit wird voraussichtlich die Reihe der amtlichen Materialien geschlossen werden, welche weiteren Kreisen Einblick in die Entwickelung dieses gewaltigen Werkes deutscher Geistesarbeit gewähren sollen. Jetzt scheint es mir auch an der Zeit zu sein, der vielen werthvollen Einzelarbeiten zu gedenken, aus deren Ineinanderfügung und Verarbeitung der Gedankenbau des Bürgerlichen Gesetzbuches errichtet ward. Sind auch manche von ihnen nur für die praktischen Bedürfnisse der Kommissionen bestimmt gewesen, welche nach ihrer Verwerthung kaum noch als unmittelbare Auslegungsmittel in Frage kommen werden, so verlangt doch der wissenschaftliche Werth der überwiegenden Mehrzahl, daß sie über den Jedermann in bequemer Form durch den Buchhandel zugänglichen Vorarbeiten nicht vergessen werden und nicht als „schätzbares Material" einem bestaublichen Dasein verfallen.

Für ihre Benutzung wird auch heute noch die Anschauung auf allgemeine Billigung und Beachtung rechnen dürfen, welche Vierhaus in seiner „Entstehungsgeschichte des Entwurfes" (Bekker und Fischer, Beiträge zur Erläuterung und Beurtheilung des Entwurfes, 1. Heft S. 72 Anm. 4) ausgesprochen hat. Er hält es für unangemessen, wenn von diesem Materiale bei der demnächstigen Kritik Gebrauch gemacht werde. Seines Erachtens liege eine starke Indiskretion darin, wolle man das Schicksal der einzelnen Anträge an die Öffentlichkeit ziehen.

Die nachstehende Zusammenstellung erbietet sich als Wegweiser für die Fälle, wo es nothwendig ist, den Werdegang einzelner Bestimmungen des Gesetzbuches von ihrer ersten Gestaltung an zu verfolgen. Sie giebt die Titel der sämmtlichen durch Autographie oder Buchdruck vervielfältigten amtlichen Materialien wieder, wie sie auf den Bibliotheken des Reichsjustizamtes und des Reichsgerichts vorliegen, beginnend mit dem Gesetz, welches die Zuständigkeit des Reiches auf die gemeinsame Gesetzgebung über das gesammte bürgerliche Recht ausdehnt, endigend mit dem von S. M. dem Kaiser verkündeten „Bürgerlichen Gesetzbuche". Es sind alle diejenigen Drucksachen mit möglichster bibliographischer Ausführlichkeit und Genauigkeit gesondert verzeichnet, welche an besonderen Titelblättern, an besonderer Seitenzählung oder dergleichen als bibliographische Einheiten kenntlich sind. *Alle Ergänzungen und Erläuterungen derselben im Text sind, um sie als Zusätze erkennbar zu machen, in Kursiv-Antiqua gedruckt.* Die Bestimmung ihrer Reihenfolge ist in erster Linie mit Rücksicht auf die Zeit ihrer Entstehung bezw. Drucklegung erfolgt.

Vom Jahre 1880 ist diese zeitliche Reihenfolge durchbrochen. Die Protokolle der Sitzungen sind nicht mehr den einzelnen Berathungsgegenständen jedes Jahres angefügt, sondern in ihrer Gesammtheit der Verzeichnung der sog. Theilentwürfe und der mit ihnen innerlich zusammenhängenden Vorlagen nachgestellt. Auf die Protokolle folgen, als ihre Ergebnisse gleichfalls in eine Gruppe zusammengefaßt, die sog. Redaktionsentwürfe u. s. w.

Jede bibliographische Einheit, auch wenn sie zu einem größeren Ganzen gehört, hat am Rande eine klein gedruckte Ordnungsnummer erhalten; damit wird eine Erleichterung des Citirens angestrebt, insofern nunmehr die Möglichkeit besteht, an Stelle des wörtlichen Anführens der oft recht langen oder einander sehr ähnlichen Titel auf die in dieser Bibliographie gewählten Nummern hinzuweisen

Bis zur Drucklegung der Theilentwürfe erscheinen sämmtliche Bestandtheile ohne Titelblatt; von 1880 ab erhalten die Entwürfe der fünf großen Abtheilungen des B.G.B. und des zugehörigen Einführungsgesetzes ebenso wie ihre Begründungen und Anlagen besondere Titelblätter, theilweise auch Umschläge mit Sondertiteln. Wo auch die Bemerkungen des Referenten oder sonstige zusätzliche Drucksachen Titelblätter führen, ist dies besonders angemerkt.

Die Zugehörigkeit der Drucksachen zu den amtlichen Materialien ist meist durch eine entsprechende Bezeichnung in der linken oberen Ecke des Titelblattes oder der ersten Seite kenntlich gemacht, welche bei der nachfolgenden Wiedergabe der einzelnen Titel unerwähnt blieb, aber in dem Wortlaute der Überschriften der einzelnen Abschnitte berücksichtigt wurde.

Der Umfang jeder Drucksache ergiebt sich aus der beigefügten Seitenzahl, aus der Blattzahl in den Fällen, wo ihre Seiten nicht gezählt sind.

Das Format ist mit Ausnahme der besonders hervorgehobenen Fälle Folio (Reichs-Format).

Die Protokolle der beiden Kommissionen zur Ausarbeitung der Entwürfe sind sämmtlich autographirt; die Vorlagen u. s. w. sind vorwiegend durch Buchdruck vervielfältigt. Die abweichenden Fälle sind durch erläuternde Bemerkungen gekennzeichnet.

Die Drucklegung ist zumeist in der Reichsdruckerei erfolgt; wo dies nicht der Fall, ist der Ursprung ausdrücklich angegeben.

Einzelne Bestandtheile der Materialien, deren Verbreitung in weiteren Kreisen von der Reichsregierung für wünschenswerth erachtet wird, sind auch im Buchhandel erschienen. Über ihre Veröffentlichungsweise geben Anmerkungen besonderen Aufschluß.

Leipzig, im April 1897.

Inhaltsübersicht.

I.

Zuständigkeit des Reiches.

1. Gesetz, betreffend die Abänderung der Nr. 13 des Artikels 4 der Verfassung des Deutschen Reiches vom 20. Dezember 1873 (Reichsgesetzblatt von 1873 Nr. 34 S. 379):

dehnt die Zuständigkeit des Reiches aus auf „eine gemeinsame Gesetzgebung über das gesammte bürgerliche Recht . . .“

II.

Einleitende Verhandlungen des Bundesraths*) und der Vorkommission.

2. *In Folge der Annahme des vorstehenden Gesetzes im Reichstage am 12. Dezember 1873 Auftrag des Bundesraths an seinen Ausschuss für Justizwesen, sich über die Einsetzung einer Kommission zur Ausarbeitung des Entwurfs eines bürgerlichen Gesetzbuches zu äussern.*

3. *Antrag des Bundesraths-Ausschusses vom 8. Februar 1874, eine Kommission einzusetzen behufs Abgabe gutachtlicher Vorschläge für die Ausarbeitung dieses Entwurfs.*

4. *Beschluss des Bundesraths vom 28. Februar d. J. diesem Antrage entsprechend und Wahl einer „Vorkommission“ von 5 Mitgliedern.*

5. *Zusammentritt der Vorkommission am 18. März d. J. Nach 14 Sitzungen Erstattung eines Gutachtens mit Vorschlägen**) an den Bundesrath am 15. April d. J.*

6. *Ueberweisung dieses Gutachtens über Plan und Methode für die Ausarbeitung des Entwurfs an den Bundesraths-Ausschuss für Justizwesen am 19. April d. J.*

7. *Bericht des Bundesraths-Ausschusses über dieses Gutachten und die Vorschläge der Vorkommission am 9. Juni d. J.*

8. *Genehmigung der Anträge des Ausschusses am 22. Juni d. J.*

9. *Wahl der 11 Mitglieder der „Kommission zur Ausarbeitung des Entwurfs eines bürgerlichen Gesetzbuches“ am 2. Juli d. J.*

---

*) Die Protokolle und Drucksachen des Bundesraths sind als Manuskript gedruckt und nur mit besonderer Erlaubniß zugänglich.

**) Wörtlich abgedruckt in den Beiträgen zur Erläuterung des Deutschen Rechts von Gruchot, Band 21 S. 175—195; mit Anfügung der entsprechenden gutachtlichen Ausführungen mitgetheilt von Bierhaus in seiner Entstehungsgeschichte des Entwurfes a. a. O. S. 47—55.

III.

Arbeiten der (Ersten) Kommission zur Ausarbeitung des Entwurfs eines Bürgerlichen Gesetzbuches und des zugehörigen Einführungsgesetzes.

Erster Abschnitt.

Die Verhandlungen bis zur Vorlage der Theilentwürfe. 1874 bis 1880.

1874.*)

10. **Protokolle** der 1.–8. Sitzung vom 17.—29. September. (24 Bl.)

Anlagen:

11. Nr. 1. Zur Sitzung vom 19. September 1874: Anträge zur Geschäftsordnung. Referent: Schmitt. (1 S.)
12. Nr. 2. Anträge von Kübel, *betreffend Plan und Arbeitsweise der Kommission.* (4 S.)
13. Nr. 3. I. Anträge, den Umfang des bürgerlichen Gesetzbuchs betreffend. Gez. v. Weber. Planck. (3 S.)
14. Nr. 4. Abänderungsanträge zu den Anträgen sub II. *(vergl. nächste Nummer)*, betreffend das System des bürgerlichen Gesetzbuchs und die Vertheilung der Redaktionsarbeiten. *Korreferent:* Gez. Planck. (2 S.)
15. Nr. 5. II. Anträge, das System des bürgerlichen Gesetzbuchs und die Vertheilung der Redaktionsarbeiten betreffend: *Referent:* v. Weber. (3 S.)
16. Nr. 6. *Zusammenstellung der Rechtsmaterien, welche nicht dem Sachenrecht, Obligationenrecht, Familienrecht oder Erbrecht angehören und deshalb einem fünften Redaktor zu überweisen sind* Gez. v. Windscheid. (2 S.)
17. Nr. 7. Anträge zu einer Instruktion für die Redaktoren. Gez. v. Kübel. (3 S.)

Beschlüsse:**)

18. Beschlüsse, den Umfang des bürgerlichen Gesetzbuchs betreffend. (2 Bl.)
19. Entwurf eines Systems des bürgerlichen Gesetzbuchs. (12 Bl.)
20. Beschlüsse, die Vertheilung der Redaktionsarbeiten . . . betreffend. (2 Bl.)
21. Instruktion für die Redaktoren.***) (2 Bl.)

1875.†)

Protokolle der 1.—15. Sitzung vom 4.—28. Oktober. (28 Bl.)

Vorschläge:††)

22. *1.* Ungültigkeit des Rechtsgeschäfts. — Beilage A und B. Gez. Gebhard. Im August 1875. (15 Bl.)
23. *2.* A. Geschäftsfähigkeit Minderjähriger. Gez. Gebhard. (7 Bl.)

---

*) Sämmtliche Theile autographirt.

**) Im Kataloge des Reichs-Justizamts sind die Nummern 18—20 als Drucksachen aus dem Jahre 1877 bezeichnet.

***) Nr. 20 und 21 abgedruckt bei Bierhaus a. a. O. S. 64—68.

†) Sämmtliche Theile mit Ausnahme von Nr. 39 und 40 autographirt.

††) Vorschriften über die Reihenfolge der Vorschläge enthält eine diesbezügliche den Vorschlägen beigegebene „Mittheilung".

24. *3.* B. Wiedereinsetzung in den vorigen Stand bei Rechtsgeschäften. Gez. Gebhard. (1 Bl.)

25. *4.* Die Schließung von Verträgen der in der Geschäftsfähigkeit Beschränkten. Gez. v. Kübel. (23 S.)

26. *5.* Grundsätze über Nichtigkeit und Anfechtbarkeit der Ehe. Gez. Planck. (5 Bl.)

Vorschläge betreffend Erwerbung des Eigenthums an Immobilien und Mobilien. Gez. Johow.

27. *6.* I. Uebertragung des Eigenthums an Grundstücken. (9 Bl.)

28. *7.* II. Rechtsgrund der Eintragung des Grundstück-Erwerbers in dem Grundbuche. (12 Bl.)

Anschließend an die sachenrechtlichen Vorlagen I. und II.

29. *8.* Die Ungültigkeit der Eintragung des Eigenthumsüberganges im Grundbuche. (7 Bl.)

30. *9.* { III. Verfolgbarkeit des Eigenthums an beweglichen Sachen. (7 Bl.)

31. IV. Uebertragung des Eigenthums an beweglichen Sachen. (6 Bl.)

Gegenvorschläge:

32. zu I. Gez. v. Kübel. (4 Bl.)

33. zu II. Gez. v. Weber. (2 Bl.)

34. zu IV. Gez. v. Kübel. (1 Bl.)

35. *10.* Die Gewährleistung für Mängel bei der Veräußerung von Hausthieren. Gez. v. Kübel. (7 Bl.)

Tabellarische Uebersicht über die Gewährsmängel und Gewährsfristen beim Viehhandel in den deutschen Bundesstaaten. (2 Bl., 1 Tabelle.) *Gedruckt beigegeben den Motiven zu No. 2 der Theilentwürfe des Obligationenrechts. Vergl. No. 113.*

36. *11.* Eheliches Güterrecht. Vorschläge und Erläuterung. Gez. Planck. (14 Bl.)

Anlagen:

37. I. Geltungsgebiet der verschiedenen Systeme des ehelichen Güterrechts in Deutschland. (10 Bl.)

38. Anlage A: Uebersicht des Geltungsgebietes der verschiedenen in Deutschland erkennenden (recte vorkommenden!) Systeme des ehelichen Güterrechts. (2 Bl.)

39. Gutachten über das System der partikulären Gütergemeinschaft und seine Bedeutung bei der Abfassung eines bürgerlichen Gesetzbuches für das Deutsche Reich. Würzburg, im Juli 1875. Von Richard Schröder. (22 S.) — Entwurf eines Gesetzes über das eheliche Güterrecht. (S. 23—32.) — Motive. (S. 33—55.) — Anlage I. Sondergut. (S. 56—57.) — Anlage II. Errungenschaft. (S. 58—60.) — Anlage III. Surrogat. (S. 61—62.) — Anlage IV. Feststellung der einzelnen Vermögensbestandtheile. (S. 63.) — Anlage V. Vorbehaltenes Gut und Heirathsgut. (S. 64.) *Gedruckt.*

40. II. Die für die praktische Gestaltung eines Systems der allgemeinen Gütergemeinschaft vorzugsweise wichtigen Fragen und deren Behandlung in jetzt geltenden Rechten und neueren Gesetzentwürfen. September 1875. (45 S.) *Gedruckt.*

41. III. System des getrennten Güterrechts. (8 Bl.)

Erbrecht. Gez. Schmitt.

42. *12.* Ordnung der Verwandten-Erbfolge. — Beilage. (6 Bl.)

43. *13.* Testirfreiheit. (5 Bl.)

44. *14.* Form letztwilliger Verfügungen. — Beilage. (4 Bl.)

1876.

Vorschläge:

45. Nr. 1. Obligationenrecht. Form der Verträge. Gez. Kübel. (32 S.)
46. Nr. 2. Familienrecht. Eheliches Güterrecht. Gez. Planck. (18 S.)
47. Nr. 3. Sachenrecht. Vorschläge des Redaktors betreffend die Ansprüche aus dem verlorenen Besitze eines Grundstücks. Gez. Johow. (34 S.)
48. Nr. 4. Familienrecht. Vorschläge *betreffend elterliche Gewalt.* Gez. Planck. (2 S.) — Anlage I. (S. 3—68.) — Anlage II. (S. 69—77.)
49. Nr. 5. Erbrecht. Vorschläge *betreffend Erbanfall.* Gez. Schmitt. (41 S.)
50. Nr. 6. Allgemeiner Theil. Vorschläge. I. Betreffend die Todesvermuthung in Verschollenheitsfällen. II. Betreffend die Lebensvermuthung. Gez. Gebhard. (32 S.)
51. Nr. 7. Obligationenrecht. Tragung der Gefahr beim Kaufe. Gez. Kübel. (47 S.)
52. Nr. 8. Sachenrecht. Vorlage über das Pfandrecht an Grundstücken. Gez. Johow. (76 S.)*)
53. Nr. 9. Sachenrecht. Vorschläge des Redaktors betreffend die Zwangs- und Bannrechte und die Realgewerbeberechtigungen. Gez. Johow. (S. 1—8.) — Anlage: Uebersicht des in Betreff der Zwangs- und Bannrechte und der Realgewerbeberechtigungen in den zum Deutschen Reich gehörenden Staaten bestehenden Rechtszustandes. (S. 9—11.)

Nr. 10. Naturalis obligatio. *Dieser Vorschlag ist ausgefallen!*

54. Nr. 11. Allgemeiner Theil. Vorschläge *betreffend Volljährigkeitserklärung.* Gez. Gebhard. (18 S.)
55. Nr. 12. Familienrecht. Vorschläge *betreffend Geschäftsfähigkeit der Frau.* Gez. Planck. (18 S.)
56. Nr. 13. Sachenrecht. Vorschläge *betreffend Uebergang des Besitzes auf den Erben.* Gez. Johow. (6 S.)
57. Notiz betreffend Nr. 10 und Berichtigungen in Vorlage Nr. 1. (1 S.)
58. **Protokolle** der 1.—23. Sitzung vom 18. September — 25. Oktober. (54 Bl.)

Anlagen:**)

59. 1. Allgemeine Uebersicht über den Stand der Landes-Vermessung. (1 Bl.)
60. 2. Nachweisung der verschiedenen Buchsysteme im Sachenrecht. (3 Bl.)
61. 3 Nachweisung des Geltungsgebiets der verschiedenen Systeme des Hypothekenrechts. (2 Bl.)
62. 4. Die hauptsächlichsten Quellen des in Deutschland geltenden Hypothekenrechts. (5 Bl.)
63. 5. Uebersicht der Verträge, durch welche eine gesetzliche Gütergemeinschaft ausgeschlossen oder eine gesetzlich nicht bestehende Gütergemeinschaft eingeführt wird. (3 Bl.)

1877.

Vorschläge:

64. Nr. 1. Obligationenrecht. Uebertragung von Forderungen. Gez. Kübel. (47 S.)
65. Nr. 2. Familienrecht. Vormundschaft. Von Planck. (30 S.)
66. Nr. 3. Obligationenrecht. Die natürlichen Verbindlichkeiten. Gez. Kübel. (12 S.)

---

*) Die auf S. 3 dieser Nr. als nachfolgend angekündigte Anlage, enthaltend Mittheilungen über die hier in Betracht kommenden Partikulargesetze, war nicht zu ermitteln.

**) Sämmtlich autographirt.

67. Nr. 4. **Recht der Erbfolge.** Vorschlag *betreffend Erbeinsetzungsvertrag.* Von Schmitt. (27 S.)
68. Nr. 5. **Sachenrecht.** Pfandrecht an Schiffen. Von Johow. (24 S.)
69. Nr. 6. **Sachenrecht.** Erwerbung der Dienstbarkeitsrechte an Grundstücken und das Verhältniß solcher Rechte zum Grundbuche. Von Johow. (46 S.)
70. Nr. 7. **Familienrecht und Erbrecht.** Vorschläge *betreffend Recht des überlebenden Ehegatten.* Von Planck und Schmitt. (58 S.)
71. Nr. 8. **Obligationenrecht.** Vertragsantrag. Gez. v. Kübel. (25 S.)
72. Nr. 9. **Allgemeiner Theil.** Anspruchsverjährung. Von Gebhard. (S. 1—56.) — Beilage: Spezialgesetze über Verjährung. (S. 57.)
73. Nr. 10. **Allgemeiner Theil.** Unvordenkliche Verjährung. Von Gebhard. (9 S.)
74. Nr. 11. **Obligationenrecht.** Das einseitige Versprechen als Grund der Verpflichtung zur Erfüllung. (Auslobung, Versprechen zu Handen Dritter, Inhaberpapiere.) Von Kübel. (33 S.)
75. Beilage zu Nr. 11: **Obligationenrecht.** Inhaberpapiere. (7 S.)
76. Berichtigungen und Ergänzungen. (1 S.)
77. **Protokolle***) der 1.—21. Sitzung vom 17. September — 20. Oktober. (50 Bl.)

1878.

Vorschläge:

78. Nr. 1. **Sachenrecht.** Superficies. Von Johow. (38 S.)
79. Nr. 2. **Sachenrecht und Erbrecht.** Familienfideikommiß (Stammgutsstiftung). Vorschlag des Redaktors des Sachenrechts *Johow.*
80. **Anlage** zu Nr. 2: Darstellung des bestehenden Rechts der Familienfideikommisse. (69 S.)
81. Nr. 3. **Sachenrecht und Erbrecht.** Familienfideikommiß. Vorschlag des Redaktors des Erbrechts *Schmitt.* (20 S.)
82. Nr. 4. **Obligationenrecht.** Gesammtschuldverhältniß. Von Kübel. (60 S.)
83. Zu Nr. 4. Zu berichtigende Druckfehler. (1 S.)
84. **Protokolle der 1.—13. Sitzung vom 4.—23. Oktober.** (34 Bl.)

Zusammenstellung der von der Kommission zur Ausarbeitung des Entwurfs eines bürgerlichen Gesetzbuchs gefaßten **Beschlüsse.**

85. 1. Allgemeiner Theil. November 1877. (12 S.)
86. 2. Sachenrecht. November 1877. (18 S.)
87. 3. Recht der Schuldverhältnisse. (Obligationenrecht.) Oktober 1878.**) (12 S.)
88. 4. Familienrecht. November 1877. (8 S.)
89. 5. Recht der Erbfolge. (Erbrecht.) November 1877. (20 S.)

1879.

Vorschläge:

Nr. 1. *Nicht gedruckt.*

90. Nr. 2. **Sachenrecht.** Pfandrecht an beweglichen Sachen. Pfandverkauf. Von Johow. (4 S.)
91. Nr. 3. **Sachenrecht.** Zurückbehaltungsrecht. Von Johow. (2 S.)
92. Nr. 4. **Obligationenrecht.** Gewährleistung für Mängel bei der Veräußerung von Hausthieren. Von Kübel. (3 S.)

---

*) Zusammenstellung der Beschlüsse siehe am Ende der Materialien des Jahres 1878.

**) Auch vorhanden in einer nur 11 S. starken Ausgabe mit dem Datum November 1877, obwohl darin Protokolle aus dem Oktober 1878 citirt werden.

93. Nr. 5. Allgemeiner Theil. Privatrechtliche Stellung der Vereine. Von Gebhard. (1 S.)

94. **Protokolle** der 1.—4. Sitzung vom 30. Oktober — 2. November. (8 Bl.)

1880.

95. **Protokolle** der 1.—2. Sitzung vom 28.—29. Dezember. (7 S.)

In diesen Sitzungen wird der Beschluss gefasst, nicht vor Abschluss sämmtlicher oben im Zweiten Abschnitt verzeichneter Theilentwürfe mit der Berathung der einzelnen zu beginnen.

Zweiter Abschnitt.

A. Die Theilentwürfe des Bürgerlichen Gesetzbuches.

Entwurf eines Bürgerlichen Gesetzbuches für das Deutsche Reich.

Erstes **Buch. Allgemeiner Theil. Vorlage des Redaktors Gebhard**

mit dem Sondertitel:

96. Entwurf des Allgemeinen Theils. 1881. ([III], 38, 5, [1], 14, [I], 7 S.). (*Besonders abgedruckt:* 2. Abschnitt, 1. Titel, 2. Absatz, sowie 2. und 3. Titel.)

97. Begründung. *Ohne Jahr.* ([I], XVIII, 62; 180, [2], 192; 204, [1]; III, 254; III, 120; 131 S.)

Anlagen:

98. I. Die Autonomie des hohen und des vormals reichsritterschaftlichen Adels. ([II], 45 S.)

II. Das Verhältniß des bürgerlichen Gesetzbuchs zu dem bestehenden Rechte in Ansehung des zeitlichen Herrschaftsbereiches. Uebergangsvorschriften. *Nicht gedruckt* *)

99. III. Uebersicht des hinsichtlich der sog. kurzen Verjährung in Deutschland geltenden Rechts. (16 S.)

100. Bemerkung, betreffend die den Motiven zum Entwurfe des Allgemeinen Theils beigegebenen Anlagen. (1 S.)

101. Abänderungsanträge des Referenten zu den das internationale Privatrecht betreffenden Bestimmungen des Entwurfs des Allgemeinen Theiles. *Ohne Jahr.* (7 S.)

102 *Umschlagtitel:* Internationales Privatrecht. Bemerkungen zu den Aenderungsvorschlägen des Referenten und zu der Begründung des Entwurfes. 1887. *Kopftitel der 1. Seite:* Bemerkungen zu den das internationale Privatrecht betreffenden Bestimmungen des Entwurfes des Allgemeinen Theiles und zu den diese Bestimmungen betreffenden Aenderungsanträgen des Referenten. (60 S.)

---

*) Vergl. aber Nr. 207.

Zweites Buch. Recht der Schuldverhältnisse.
Vorlage des Redaktors F. Ph. F. v. Kübel.

A. Allgemeiner Theil mit Begründung. 1882.*)

I. Abschnitt. Von den Schuldverhältnissen im Allgemeinen.

	Vorlagen-Nr.**)		Umfang der Begründung:
103.	14.	Tit. 1. Wesen und einzelne Arten der Schuldverhältnisse. (1 S.)	26 S.
104.	16.	Tit. 1. I. Schuldverhältnisse, bei welchen unter mehreren Leistungen gewählt werden kann. (3 S.)	10 S.
105.	17.	Tit. 1. I. A. Schuldverhältnisse, bei welchen die Leistung nur der Gattung nach bestimmt ist. (1 S.)	3 S.
106.	7.	Tit. 1. II. Gesammtschuldverhältnisse. (4 S.)	62 S.
107.	18.	Tit. 1. III. Mehrheit der Gläubiger oder Schuldner bei untheilbarer Leistung. (2 S.)	8 S.
		Tit. 2. Entstehung der Schuldverhältnisse durch Vertrag, einseitiges Versprechen und unerlaubte Handlungen.	
		I. Vertrag.	
		1. Erfordernisse zur Eingehung eines Vertrages.	
108.	9.	a. Willenserklärung. (4 S.)	99 S.
109.	11.	b. Gegenstand der Verträge. (2 S.)	60 S.
110.	8.	c. (α) Form der Verträge. (1 S.)	28 S.
111.	19.	2. Bestärkungsmittel der Verträge. (2 ungez. S.)	48 S.
112.	20.	3. Rechte und Verpflichtungen aus Verträgen. (7 S.)	44 S.
113.	2.	1. c. β. Gewährleistung beim Viehhandel. (2 S.)	46 S.
		Beilage zu den Motiven: Tabellarische Uebersicht über die Gewährmängel und Gewährfristen beim Viehhandel in den neueren Gesetzgebungen, Entwürfen und Revisionsvorschlägen. (S. 47—49.)	
114.	1.	II. Einseitiges Versprechen. (8 S.)	75 S.
		Beilage zur Begründung: Zusammenstellung der in Deutschland in Ansehung der Inhaberpapiere geltenden Rechtsnormen unter Berücksichtigung der Literatur und fremder Gesetze. (S. 76—170.)	
115.	15.	III. Unerlaubte Handlungen. (4 S.)	78 S.
		Tit. 3. Wirkungen der Schuldverhältnisse.	
116	13.	I. Im Allgemeinen. (1 S.)	30 S.

*) Der Katalog des Reichs-Justizamts verzeichnet noch eine Zusammenstellung von 14 Theilentwürfen, welche nach einer das System des Obligationenrechts skizzirenden, vorläufigen Notiz geordnet sind. Ferner findet sich daselbst der mit Rücksicht auf die Erkrankung des Redaktors v. Kübel durch Struckmann hergestellte und nach ihm benannte Entwurf verzeichnet, welcher den Titel führt:

Vorläufiger Entwurf . . . zusammengestellt auf der Grundlage des Dresdener Entwurfs in Verbindung mit den vorliegenden Theilentwürfen des Redaktors des Obligationenrechts und nach Maßgabe des von demselben aufgestellten Systems. 1881. (70 S.)

**) Die Reihenfolge der einzelnen gesondert gedruckten, nur durch das gemeinsame, oben sub A aufgeführte Titelblatt verbundenen Vorlagen entspricht, bezüglich des I. Abschnitts, der vor der Inhaltsübersicht abgedruckten Bindevorschrift, bezüglich des II. Abschnitts, der Aufeinanderfolge der Verhandlungen über ihren Inhalt.

	Vorlagen-Nr.		Umfang der Begründung:
		II. Verpflichtung des Schuldners zur Erfüllung.	
117.	21.	1. Mit Rücksicht auf die Person. 2. Mit Rücksicht auf den Gegenstand. a. Im Allgemeinen. (1 S.)	14 S.
118.	25.	b. Geldleistung. (1 S.)	16 S.
119.	12.	c. Zinsen. (1 S.)	11 S.
110.	24.	3. Mit Rücksicht auf den Ort. (1 S.)	14 S.
121.	23.	4. Mit Rücksicht auf die Zeit. (1 S.)	16 S.
122.	22.	III. Folgen der Nichterfüllung der Verbindlichkeit. (7 S.)	70 S.
		Tit. 4. Sondernachfolge in die Forderung und in die Schuld.	
123.	3.	I. Uebertragung der Forderungen. (5 S.)	50 S.
124.	26.	II. Uebertragung der Schuld. (1 S.)	18 S.
		Tit. 5. Erlöschung der Schuldverhältnisse.	
125.	27.	I. Erfüllung. (3 S.)	65 S.
126.	28.	II. Aufrechnung. (1 S.)	22 S.
127.	29.	III. Nachlaßvertrag. (1 S.)	6 S.
128.	30.	IV. Vertragsaufhebung. (1 S.)	5 S.
129.	31.	V. Wegfall des Gläubigers oder Schuldners. (1 S.)	5 S.

B. Besonderer Theil.

	Vorlagen Nr.	II. Abschnitt. Von den Schuldverhältnissen im Besonderen.	Umfang der Motive (Materialien)
130.	10.	Tit. 8. Schuldverhältnisse aus ungerechtfertigter Bereicherung. (5 S.)	90 S.
131.	4.	Tit. 4. V. Geschäftsführung ohne Auftrag. (3 S.)	63 S.
		Tit. 2. Schuldverhältnisse aus Verträgen, welche auf eine Ueberlassung zum Verbrauche oder Gebrauche gerichtet sind.	
132.	6.	I. Darlehn. (2 S.)	33 S.
133.	5.	II. Anweisung. (2 S.)	27 S.
134.	*ohne Nr.**)	Schuldanerkennungsvertrag nach den Bestimmungen des dresdener Entwurfs. Artikel 922 bis 926. (1 S.)	[I], 52 S.
135.	*ohne Nr.*	Der Schenkung unter Zugrundelegung der Bestimmungen des dresdener Entwurfs. (Artikel 497 bis 522.) (4 S.)	100 S.
		Tit. 1. Schuldverhältnisse, welche auf eine Veräußerung von Sachen und Rechten gerichtet sind.	
136.	32.	I. Kauf. Tausch. (12 S.)	100 S.
137.	*ohne Nr.*	Vertheilung der Nutzungen und Lasten zwischen Verkäufer und Käufer. (21 S.)**)	
138.	*ohne Nr.*	Miethe, Pacht und Viehverstellung nach den Bestimmungen des dresdener Entwurfs. (Artikel 538 bis 597) (11 S.)	212 S.
139.	*ohne Nr.*	Die Gebrauchsleihe nach den Bestimmungen des dresdener Entwurfs. Artikel 598 bis 613. (3 S.)	49 S.

---

*) Die ohne Vorlagen-Nummer mitgetheilten Materialien entstammen dem Dresdener Entwurfe, welcher an Stelle des wegen des Todes des Redaktors von Kübel unvollendet gebliebenen Theiles den Berathungen zu Grunde gelegt wurde.

**) Die Vorschläge sind noch nicht in Paragraphen formulirt und von den Motiven getrennt.

	Vorlagen-Nr.		Umfang der Motive (Materialien)
140.	*ohne Nr.*	Dienstverdingung, Werkverdingung und Mäklervertrag nach den Bestimmungen des dresdener Entwurfs. (Artikel 614 bis 655, 675 bis 680.) (8 S.)	216 S.
141.	*ohne Nr.*	Der Auftrag unter Zugrundelegung der Bestimmungen des dresdener Entwurfs. (Artikel 687 bis 716.) (6 S.)	146 S.
142.	*ohne Nr.*	Bürgschaft und Kreditauftrag nach den Bestimmungen des dresdener Entwurfs. Artikel 927 bis 953. (5 S.)	93 S.
143.	*ohne Nr.*	Der Trödelvertrag nach den Bestimmungen des dresdener Entwurfs. Artikel 727 bis 731. (1 S.)	44 S.
144.	*ohne Nr.*	Pfandvertrag nach den Bestimmungen des dresdener Entwurfs Artikel 954 — 959. (1 S.)	13 S.
145.	*ohne Nr.*	Der Vergleich nach den Bestimmungen des dresdener Entwurfs Artikel 960 — 968. (2 S.)	30 S.
146.	*ohne Nr*	Glücksverträge nach den Bestimmungen des dresdener Entwurfs Artikel 862 — 870. (2 S.)	36 S.
147.	*ohne Nr.*	Leibrentenvertrag, Versorgungsvertrag und Leibgedingsvertrag nach den Bestimmungen des dresdener Entwurfs Artikel 871 — 893. (4 S.)	51 S.
148.	*ohne Nr.*	Schuldverhältnisse aus Zuständen. I. Vorzeigung und Vorlegung von Sachen und Urkunden unter Zugrundelegung der Bestimmungen des dresdener Entwurfs. (Artikel 1041 — 1045.) II. Verpflichtung zur Leistung des Offenbarungseides. *(Entwurf des Redaktors)* (2 ungez. S.)	38, [1]*) S.
149.	*ohne Nr.*	Der Hinterlegungsvertrag (einschließlich des receptum cauponum) nach den Bestimmungen des dresdener Entwurfs Artikel 732 bis 753. (4 S.)	69 S.
150.	*ohne Nr.*	Bestimmungen des dresdener Entwurfs, betreffend Schuldverhältnisse aus unerlaubten und diesen gleichzuachtenden Handlungen, Artikel 1007 bis 1030. (5 S.)	246 S.
151.	*ohne Nr.*	Schuldverhältnisse aus einer Rechtsgemeinschaft (dresdener Entwurf, fünfte Abtheilung). (20 S.)	IX, 271 S.

Drittes Buch. Sachenrecht.
Vorlage des Redaktors R. Johow.

152. Entwurf 1880. (XIV, [I], 94 S.)
153. Begründung 1880:**) 3 Bände. (XIV, 735 S.; XIII S., S. 737 — 1373; XXXII S., S. 1375 — 2242.)

Viertes Buch. Entwurf eines Familienrechts für das Deutsche Reich.
Vorlage des Redaktors Planck.

154. Entwurf 1880. ([IV] 124 S.)
155. Begründung 1880. (LIII, 2260 S.)
156. Nachträge und Berichtigungen zu den Motiven des Entwurfs ... (6 S.)

---

*) Diese eine Seite autographirt.

**) Abänderungsanträge des Referenten siehe Anlage zum Protokoll vom 21. März 1884. Protokolle S. 3577—3609.

157. **Nachträge zu den Motiven des Entwurfs . . ., betreffend die neuere Literatur, Rechtsprechung und Gesetzgebung. (65 S.)**

158. **Anlagen zu den Motiven des Entwurfs . . . (IV, 194 S.)**

Inhalt:

Anlage I. Uebersicht des Geltungsgebietes der verschiedenen Systeme des ehelichen Güterrechts in Deutschland.

Anlage II Rechtsquellen und Literatur des ehelichen Güterrechts in Deutschland.

Anlage III Anzahl und Inhalt der in Deutschland abgeschlossenen Eheverträge.

Anlage IV Das eheliche Güterrecht des Auslandes.

Anlage V. Uebersicht der praktisch wichtigeren Bestimmungen der auf dem Boden der allgemeinen Gütergemeinschaft stehenden deutschen Rechte und Entwürfe.

Anlage VI Einkindschaft. Darstellung des bestehenden Rechts.

Anlage VII. Recht der Ehescheidung.

Anlage VIII. Stellung des unehelichen Kindes gegenüber dem Vater und der Mutter, sowie der väterlichen und mütterlichen Familie nach den bestehenden Rechten.

Anlage IX Rechtliche Natur des dem unehelichen Kinde gegen seinen Erzeuger zustehenden Alimentationsanspruchs und dessen Voraussetzungen (Zulässigkeit der sogenannten Vaterschaftsklage) nach den bestehenden Rechten.

Anlage X. Auszug aus dem am 16. Februar 1878 beim französischen Senate von verschiedenen Mitgliedern des letzteren eingebrachten Gesetzentwurfe, betr. die Nachforschung der Vaterschaft, nebst Motiven.

Anlage XI. Anspruch der außerehelich Geschwängerten auf Niederkunfts- und Verpflegungskosten nach bestehenden Rechten.

Anlage XII. Anspruch der außerehelich Geschwächten auf Entschädigung (sogenannte Deflorations- oder Satisfaktionsklage) nach den bestehenden Rechten.

Nachtrag zu Anlage IX. Nr. V S. 175.

159. **Nachträge zu den Anlagen der Motive des Entwurfs . . . betreffend die neuere Literatur . . . (8 S.)**

160. **Nachtrag zu Anlage VII der Motive des Entwurfs . . . enthaltend Mittheilungen über die Verhandlungen, welche in den Jahren 1876—1881 in Frankreich bei der Kammer der Deputirten in Betreff der Zulässigkeit der Ehescheidung stattgefunden haben, sowie über den im Jahre 1881 in Italien von Seiten der Regierung bei der Deputirtenkammer eingebrachten, denselben Gegenstand betreffenden Gesetzentwurf. (20 S.)**

161. **Abänderungsanträge des Referenten*) zu dem Entwurfe . . . (66 S.)**

162. **Bemerkungen zu den Aenderungsanträgen des Referenten und zu verschiedenen Bestimmungen des Entwurfs . . . (197 S.)**

---

*) Durch fette, in der linken unteren Ecke gedruckte Ziffern ist bei der Drucklegung dieser Anlagen eine andere Ordnung vorgeschrieben. Es trägt 162 die Nr. 1, 163 die Nr. 2, 158 die Nr. 3, 160 die Nr. 4. Der Titel von Nr. 5 lautet: Abänderungsanträge des Referenten zu dem Entwurfe eines Gesetzes, betreffend das Verfahren in Vormundschaftssachen u. s w. Die obige Reihenfolge trennt aus Rücksicht auf die Uebersichtlichkeit die Arbeiten des Redaktors von denen des Referenten.

Fünftes Buch. Entwurf eines Rechtes der Erbfolge nebst dem Entwurf eines Einführungsgesetzes.

Vorlage des Redaktors von Schmitt.

163. Entwurf 1879. (VI, 88 S.)

164. Begründung 1879. (XXXIV, 1234 S.)

165. Alphabetisches Sachregister der Begründung zum Recht der Erbfolge. (20 S.)

166. *Erste Anlage zur Begründung:* Uebersicht der Gesetzgebungen, welche dem überlebenden Ehegatten am Nachlasse des vorverstorbenen Erbquote, Nießbrauch oder beide gewähren, geordnet nach Güterrechts-Systemen. Bezüglich der Einordnung in die verschiedenen Systeme folgt diese Uebersicht im Wesentlichen Prof. v. Roth's Darstellung in der Zeitschrift für vergleichende Rechtswissenschaft. Bd. 1 S. 79 ff. *In tabellarischer Form.* (26 S.)

167. Zweite Anlage zur Begründung . . .: Erbrechtliche Bestimmungen der Landes-Ausführungsgesetze zu den sog. Reichsjustizgesetzen. (14 S.)

168. *Umschlagtitel:* Recht der Erbfolge. Aenderungsvorschläge des Referenten zu dem Entwurfe von 1879. *Kopftitel der 1. Seite:* Abänderungsanträge des Referenten. 1886. (III, 91 S.)

169. *Umschlagtitel = Kopftitel der 1. Seite:* Recht der Erbfolge. Bemerkungen zu den Aenderungsvorschlägen des Referenten und zu der Begründung des Entwurfes. 1886. (IV, 232 S.)

170. B. Die Protokolle der Kommission über die erste Berathung des Entwurfs eines bürgerlichen Gesetzbuchs.*)

Berathung der Theilentwürfe.

Geschäftsordnung vom 4. Oktober 1881. (6 S.)

Berathung des Allgemeinen Theiles. 1.—61. Sitzung vom 4. Oktober 1881 — 22. Februar 1882. S. (1)—463. *(S. 1—27 nicht numerirt.)*

Berathung des Obligationenrechts. 62.—275. Sitzung vom 24. Februar 1882 — 21. Dezember 1883. S. 465—3085.

Fortsetzung der Berathung des Allgemeinen Theiles: Juristische Person. 276.—283. Sitzung vom 2.—18. Januar 1884. S. 3087—3207.

Fortsetzung der Berathung des Obligationenrechts: Die Kollektivgesellschaften. Gesellschaftsvertrag. 283. Sitzung am 18. Januar 1884. S. 3207—3212.

*) Einzelne kleinere Anlagen der Protokolle sind in die Seitenzählung derselben miteinbegriffen und deshalb nicht besonders aufgeführt.

Berathung der Eintheilung und des Systems des Allgemeinen Theiles. 284. Sitzung vom 28. Januar 1884. S. 3213—3231.

Berathung der Eintheilung und Reihenfolge der Beschlüsse, betreffend den Allgemeinen Theil*) und das Obligationenrecht. 285.—286. Sitzung vom 30. Januar — 1. Februar 1884. S. 3233—3277.

Fassung der Beschlüsse zum Obligationenrecht. 287. Sitzung vom 4. Februar 1884. S. 3279—3295.

Berathung des Sachenrechts. 288.—302. Sitzung vom 11. Februar — 17. März 1884. S. 3297—3546.

Berathung der Drucklegung des Obligationenrechts. 303.—304. Sitzung (1. Theil) vom 19.—21. März 1884. S. 3547—3564.

Fortsetzung der Berathung des Sachenrechts. 304. Sitzung (2. Theil) — 426. Sitzung vom 21. März 1884 — 17. März 1885. S. 3565—5828.

Berathung des Familienrechts. §§ 1—77 der Vorschläge. 427.—442. Sitzung (1. Theil) vom 22. April — 30. Mai 1885. S. 5829—6134.

Redaktionsbeschlüsse. Allgemeines. 442. Sitzung (2. Theil) vom 30. Mai 1885. S. 6135—6137.

Beschlüsse, betreffend die Redaktion des Allgemeinen Theiles und solcher Paragraphen des Obligationen- und Sachenrechts, welche mit den beregten Bestimmungen des Allgemeinen Theiles in Zusammenhang stehen. 442. Sitzung (3. Theil) — 444. Sitzung vom 30. Mai — 3. Juni 1885. S. 6139—6175.

Beschlüsse, betreffend Redaktion des Rechtes der Schuldverhältnisse. 445.—446. Sitzung vom 5.—8. Juni 1885. S. 6179—6205.

Berathung von Redaktionsänderungen im Sachenrecht. 447.—452. Sitzung vom 10.—19. Juni 1885. S. 6207—6275.

Schluß der Berathung des Familienrechts. 453.—555. Sitzung (1. Theil) vom 22. Juni 1885 — 28. Mai 1886. S. 6277—8874.

Berathung des Rechtes der Erbfolge. 555. Sitzung (2. Theil) bis 677. Sitzung vom 28. Mai 1886 — 10. Juni 1887. S. 8875—11288.

Berathung von Aenderungsvorschlägen zum Obligationenrecht in Ansehung der §§ 447, 448, 485 ff. des Kommissionsentwurfs. 678.—679. Sitzung vom 13.—15. Juni 1887. S. 11289—11317.

Revision der Zusammenstellung der beschlossenen Vorschriften des Erbrechts. 680.—690. Sitzung vom 20. Juni bis 6. Juli 1887. S. 11319—11476.

Berathung des Allgemeinen Theiles: Internationales Privatrecht. 691.—699. Sitzung vom 9.—28. September 1887. S. 11477—11612.

---

*) Das Ergebniß der Berathung sind die „Beschlüsse betreffend die Eintheilung des Allgemeinen Theils". (Protokolle vom 28. und 30. Januar 1884.) (7 S.)

171. Vollständiges Verzeichniß der Berichtigungen zu den Protokollen S. 1—11402. (53 S.)

172. Register zu S. 1—3296. (50 S.)

173. Alphabetisches Verzeichniß zur Erleichterung der Benutzung der Protokolle S. 1—11354. (241 S.)

C. Die Redaktionsentwürfe.*)

174. Zusammenstellung der sachlich beschlossenen Bestimmungen des Allgemeinen Theiles. ([2], 90 S.)

175. Wortverzeichniß zu der Zusammenstellung der Beschlüsse zum Allgemeinen Theil. ([1], 37 S.)

176. Zusammenstellung der sachlich beschlossenen Bestimmungen des Obligationenrechts. (319, [6] S.)

177. Anlage zum Redaktions-Entwurfe, betreffend die Folgen der Nichterfüllung der Verbindlichkeit. (*Vgl. die Anmerkung zu* § 187 *der* Zusammenstellung der Beschlüsse zum Obligationenrechte *unter* Nr. III.) (7 S.)

178. Zusammenstellung der sachlich beschlossenen Bestimmungen des Sachenrechts. ([2], 217 S.)

179. Nachtrag zum Kommissionsentwurf (*betrifft Anfügung einer Note zu* § 107). (S. 1.) — Nachträge zur Zusammenstellung der sachlich beschlossenen Bestimmungen des Sachenrechts. (S. 3—17.)

180. Berichtigungen des Kommissions-Entwurfs. Nr. 1—6. (12 S.)

181. Berichtigungen der Zusammenstellung der sachlich beschlossenen Bestimmungen des Sachenrechts. *Nr. 1*—5. (19 S.)

182. Berichtigung *Nr. 1.* zur Zusammenstellung der sachlich beschlossenen Bestimmungen des Sachenrechts. Vom 21. März 1885. (1 Bl.)

183. Berichtigungen. *Nr. 2.* Vom 20. April 1885. (1 Bl.)

184. Berichtigungen (Nr. 3). Vom 30. April 1885. (1 Bl.)

185. Zusammenstellung der sachlich beschlossenen Bestimmungen des Familienrechts. ([3], 383 S.)

186. Berichtigtes Zitaten-Register zum Kommissionsentwurfe und zu der Zusammenstellung der Beschlüsse bis § 1404. Weihnachten 1885. (9 S.)

187. Zusammenstellung der sachlich beschlossenen Bestimmungen des Erbrechts. ([1], 285 S.)**)

*) Autographirt. Ueber die Zitirweise dieser Entwürfe vgl. die Bemerkung in den Ausgaben des Entwurfs des Allgemeinen Theils, des Obligationenrechts und des Sachenrechts, erste Berathung S VII, ferner Anmerkung 1. zu S 1 des Entwurfs des Erbrechts in erster Berathung und die Vorbemerkung auf S VIII des Gesammtentwurfs von 1887, endlich auch Centralblatt für Rechtswissenschaft, Band 7, S. 203 ff.

**) In die Seitenzählung miteinbegriffen sind einige Berichtigungen des Kommissionsentwurfes und dieser Zusammenstellung.

Dritter Abschnitt.

Der Abschluß der Arbeiten der (Ersten) Kommission am Entwurf des Bürgerlichen Gesetzbuches.

Entwurf eines bürgerlichen*) Gesetzbuches für das Deutsche Reich. Erste Berathung.

Kommissionsentwurf.

188 II. 188 I. Erstes Buch. Allgemeiner Theil. Zweites Buch. Recht der Schuldverhältnisse. 1884. (VII, 199 S.)
Drittes Buch. Sachenrecht. 1885. (VII, 325 S.)

189. Viertes Buch. Familienrecht. 1886. (IV, 166 S.)

190. Fünftes Buch. Erbrecht. 1887. ([III], 115. S.) *Angefügt sind:* (S. 117—124): Aenderungen und Berichtigungen zum ersten bis vierten Buche; (S. 125—136): Zitaten-Register.

191. Wortverzeichniß zu dem Kommissions-Entwurfe. § 1—1709. Juni 1886. *Autographirt.*
1. Band. A—K (Kosten). (VII, 199, [2]; VII, 325; IV, 166; [1], 136 S.)
2. Band. K (Kosten) bis Z. (856 S.)

192 **Protokolle der Berathung des gesammten Entwurfs.** 700. — 734. Sitzung vom 30. September — 30. Dezember 1887. S. 11613—12313.

193 *Ueberreichungsschreiben des Vorsitzenden der Kommission an den Reichskanzler vom 27. Dezember 1887 mit der Anschrift:* „Der Wirkliche Geheime Rath Dr. Pape als Vorsitzender der Kommission zur Ausarbeitung des Entwurfes eines Deutschen bürgerlichen Gesetzbuches überreicht den in erster Lesung festgestellten Entwurf." (56 S.)

194. *Gedruckte Beilage:* Räumliche Herrschaft der Rechtsnormen. (6 S.)

195. **Entwurf eines bürgerlichen Gesetzbuches für das Deutsche Reich, ausgearbeitet von der in Folge des Beschlusses des Bundesrathes vom 22. Juni 1874 eingesetzten Kommission. Erste Lesung.** 1887. (VIII, 632 S., Zitaten-Register S. 633 - 646.) *Bundesraths-Drucksache.*

196. Wortverzeichniß. 1888. *Autographirt.* 4°.
Band 1. A—K (Käufer). (S. 1—500).
Band 2. K (Käufer) bis Z. (S. 501—972.)

---

*) Die Schreibweise „Bürgerliches Gesetzbuch" datirt erst seit dem 6 Januar 1888, wo von der Kommission in ihrer 736. Sitzung (Protokolle S. 12337) beschlossen wurde, das Wort „bürgerlich" in der Bezeichnung „bürgerliches Gesetzbuch" mit großen Anfangsbuchstaben zu schreiben. Daher zeigen alle Materialien vor diesem Zeitpunkt obige, von der späteren und jetzt allgemein üblichen abweichende Schreibweise. Ein fester Brauch für die Deklinationsweise von „Gesetzbuch" in den amtlichen Materialien hat sich nicht gebildet; es wird bald die Form „Gesetzbuches", bald „Gesetzbuchs" für den zweiten Fall angewendet.

Vierter Abschnitt.

Die Ausarbeitung des Entwurfs eines Einführungsgesetzes zum Bürgerlichen Gesetzbuche.

A. Die Theilentwürfe.

197. **Vorschläge zu dem Entwurfe eines Einführungsgesetzes zum bürgerlichen Gesetzbuche, sowie zu verschiedenen in Veranlassung der Einführung des bürgerlichen Gesetzbuches erforderlich werdenden Abänderungen einzelner Reichsgesetze bearbeitet vom Standpunkte des Allgemeinen Theils. Vorlage des Redaktors Gebhard.** 1887. (V, 11 S.)

198. *(Umschlagtitel = Haupttitel):* Begründung der Vorschläge ... 1887. (VIII, 198 S.)

199. **Vorschläge zu dem Entwurfe eines Einführungsgesetzes zum bürgerlichen Gesetzbuche das Recht der Schuldverhältnisse betreffend.** *Vorlage von Ege unter Nachprüfung von Kurlbaum.*)* (6 S.)

200. *(Umschlagtitel = Haupttitel):* Begründung der Vorschläge ... (142 S.)

201. **Vorschläge zu dem Entwurfe eines Einführungsgesetzes zu dem bürgerlichen Gesetzbuche vom Standpunkte des Sachenrechts. Vorlage des Redaktors R. Johow.** 1882. ([IV], 16 S.)

202. Begründung der Vorschläge ... 1882. (VII, 275 S.)

203. **Vorschläge zu dem Entwurfe eines Einführungsgesetzes zum bürgerlichen Gesetzbuche das Familienrecht betreffend, sowie zu verschiedenen in Veranlassung der Einführung des bürgerlichen Gesetzbuchs erforderlich werdenden Abänderungen einzelner Reichsgesetze. Vorlage des Redaktors Planck.** 1881. (III, 16 S.)

204. Begründung der Vorschläge ... 1881. (VI, 117 S.)

205. Aenderungsvorschläge und Bemerkungen des Referenten zu den das Einführungsgesetz und die Revision der Reichsgesetze betreffenden früheren Vorschlägen. (17 S.)

Vorschläge zu dem Entwurfe eines Einführungsgesetzes zum Bürgerlichen Gesetzbuche vom Standpunkte des Erbrechtes befinden sich in dem Entwurfe des Rechtes der Erbfolge vom Redaktor von Schmitt. Vgl. Nr. 163.

---

*) Vgl. Vierhaus a. a. O. S. 77.

206. **Zusammenstellung der zu dem Entwurfe eines Einführungsgesetzes zum bürgerlichen Gesetzbuche vom Standpunkte des allgemeinen Theiles, des Obligationenrechtes, des Sachenrechtes, des Familienrechtes und des Erbrechtes gemachten Vorschläge.** 1888. (63 S.)

207. **Vorschläge betreffend die in dem Einführungsgesetze zum bürgerlichen Gesetzbuche aufzunehmenden Uebergangsvorschriften. Bearbeitet vom Standpunkte des Allgemeinen Theiles. (Anlage II zum Entwurfe des Allgemeinen Theiles.) Vorlage des Redaktors Gebhard** *nebst Begründung.* 1888. (4, [1], 76 S.)

208. **B. Die Protokolle.**

Berathung der unter Nr. 206 verzeichneten Vorschläge in der 735.—770. Sitzung vom 4. Januar — 23. April 1888. (S. 12315—12999.)

Berathung der unter Nr. 207 verzeichneten Vorschläge in der 771.—785. Sitzung vom 27. April — 1. Juni d. J. (S. 13001—13300.)

C. Der Entwurf nach den Beschlüssen der Kommission.

209. **Entwurf eines Einführungsgesetzes zum Bürgerlichen Gesetzbuche für das Deutsche Reich. Ausgearbeitet von der durch Beschluß des Bundesrathes vom 22. Juni 1874 eingesetzten Kommission. Erste Lesung.** 1888. (V, 56 S.) *Bundesraths-Drucksache.*

210. Beilage: Zitaten-Register. (4 S.)

211. Wortverzeichniß zu dem Einführungsgesetze. ([I], 135 S.) *Autographirt.*

IV.

Veröffentlichung und Beurtheilung der Entwürfe erster Lesung.

212. *Vorlegung der Ersten Lesung des Entwurfes eines Bürgerlichen Gesetzbuches beim Bundesrath und Ueberweisung an den Justiz-Ausschuss am 12. Januar 1888.*

213. *Auf Grund des Ausschussberichtes Beschluss des Bundesraths am 31. Januar d. J. den Entwurf nebst Motiven zu veröffentlichen.*

214 **Entwurf eines bürgerlichen Gesetzbuches für das Deutsche Reich. Erste Lesung. Ausgearbeitet durch die von dem Bundesrathe berufene Kommission. Amtliche Ausgabe.** Berlin und Leipzig, J. Guttentag. 1888. (XVI, 516 S.) gr. 8°.

215. **Motive zu dem Entwurfe eines Bürgerlichen Gesetzbuches für das Deutsche Reich. Amtliche Ausgabe.** Berlin und Leipzig, J. Guttentag. 1888. gr. 8°.

Band I. Allgemeiner Theil. ([I], 395 S.)
Band II. Recht der Schuldverhältnisse. ([I], 895 S.)
Band III. Sachenrecht. ([I], 869 S.)
Band IV. Familienrecht. ([I], 1274 S.)
Band V. Erbrecht. ([I], 711 S.*)

216. *Vorlegung der ersten Lesung des Entwurfs eines Einführungsgesetzes zum Bürgerlichen Gesetzbuche beim Bundesrath und Ueberweisung an den Justiz-Ausschuss am 5. Juli d. J.*

217. *Ausschussbericht und Beschluss, den Entwurf nebst Motiven zu veröffentlichen am 13. Dezember d. J.*

218. **Entwurf eines Einführungsgesetzes zum Bürgerlichen Gesetzbuche für das Deutsche Reich. Erste Lesung. Ausgearbeitet durch die von dem Bundesrathe berufene Kommission. Nebst Motiven. Amtliche Ausgabe.** Berlin und Leipzig, J. Guttentag. 1888. (X, [1], 314 S.)

219. **Zusammenstellung der gutachtlichen Aeußerungen zu dem Entwurf eines Bürgerlichen Gesetzbuchs gefertigt im Reichs-Justizamt. Als Manuskript gedruckt.** Berlin, Druck der Norddeutschen Buchdruckerei und Verlagsanstalt. gr. 8°. *Nicht im Buchhandel.*

Band I. Aeußerungen zum Allgemeinen Theil. 1890. (IX, 259 S.)
Band II. Aeußerungen zum Recht der Schuldverhältnisse. 1890. (IX, 451 S.)
Band III. Aeußerungen zum Sachenrecht. 1890. (VIII, 423 S.)
Band IV. Aeußerungen zum Familienrecht. 1890. (X, 510 S.)
Band V. Aeußerungen zum Erbrecht. 1890. (VI, 224 S.)
Band VI. Nachträge. 1891. ([VII], IV, 720 S.)

220. **Zusammenstellung der Aeußerungen der Bundesregierungen zu dem Entwurf eines Bürgerlichen Gesetzbuchs gefertigt im Reichs-Justizamt. 2 Bände. Als Manuskript gedruckt.** Berlin, Druck der Norddeutschen Buchdruckerei und Verlagsanstalt. 1891. (XXII, 227 S.; XXXI, 170 S.) gr. 8°. *Nicht im Buchhandel.*

---

*) Zum Entwurf und zu den Motiven stellte Jatzow ein Register zusammen mit dem Titel: Sachregister zu dem Entwurfe eines Bürgerlichen Gesetzbuches für das Deutsche Reich und den dazu herausgegebenen Motiven nebst Inhaltsübersicht über die fünf Bände der Motive. Bearbeitet von Jatzow. Berlin und Leipzig, J. Guttentag. 1888.

221. **Zusammenstellung der gutachtlichen Aeußerungen zu dem Entwurf eines Einführungsgesetzes zum Bürgerlichen Gesetzbuch gefertigt im Reichs-Justizamt. Als Manuskript gedruckt.** Berlin 1891, Druck der Norddeutschen Buchdruckerei und Verlagsanstalt. (IV, 104 S.) gr. 8°. *Nicht im Buchhandel.*

222. *Auf Grund des Ausschussberichtes Beschluss des Bundesraths vom 4. Dezember 1890, die Entwürfe durch eine neu zu bildende Kommission einer zweiten Lesung zu unterwerfen, welche aus 10 ständigen und 12 nichtständigen Mitgliedern bestehen soll.*) Gleichzeitig Berufung dieser Mitglieder und Festsetzung der weiteren Behandlung des Entwurfs seitens der Kommission. Einsetzung einer Redaktionskommission, deren Zusammensetzung und Arbeitsweise später mehrfachen Aenderungen unterzogen wird.*

V.

Arbeiten der Kommission für die zweite Lesung des Entwurfs eines Bürgerlichen Gesetzbuches und des zugehörigen Einführungsgesetzes.

A. Die Protokolle und Vorlagen.

223. Berathung und Annahme einer neuen Geschäftsordnung in der 1. Sitzung am 15. Dezember 1890. Protokolle S. 1—8.

224. Berathung des Entwurfs des Bürgerlichen Gesetzbuches in der 2.—428. Sitzung vom 1. April 1891 bis 19. Juni 1895. Protokolle S. 9 bis 8765.

Diese Protokolle werden demnächst im Verlage von J. Guttentag in Berlin erscheinen unter dem Titel:

225. **Protokolle der Kommission für die zweite Lesung des Entwurfs des Bürgerlichen Gesetzbuchs.** *Im Auftrage des Reichs-Justizamts bearbeitet von Achilles, Gebhard und Spahn.**)*

---

*) Durch Bundesrathsbeschluß vom 12. März 1891 wird die Zahl der Mitglieder auf 24 erhöht.

**) Das Werk soll in sechs Bänden im Format und in der Ausstattung der „Motive zu dem Entwurfe eines BGB." zur Ausgabe gelangen. Ein siebenter Band soll ein ausführliches Wort- und Sachregister enthalten.

Die „Protokolle der Vorkommission für die zweite Lesung des Entwurfs eines Bürgerlichen Gesetzbuchs . ." behandeln interne Angelegenheiten und sind an die Bibliotheken nicht abgegeben worden.

226. **Zusammenstellung der Vorschriften des Entwurfs eines Einführungsgesetzes zum Bürgerlichen Gesetzbuche nach den bei der zweiten Lesung des Entwurfs eines Bürgerlichen Gesetzbuchs in erster Berathung gefaßten Beschlüsse. Vorlage des Referenten Gebhard.** 1895. (87 S.)

227. Berathung des Entwurfs eines Einführungsgesetzes zum Bürgerlichen Gesetzbuche in der 429.—457. Sitzung vom 14. Oktober 1895 — 8. Februar 1896. *Schlusssitzung.* Protokolle S. 8767—9524.*)

B. Das Ergebniß.

Entwurf eines Bürgerlichen Gesetzbuchs für das Deutsche Reich. Zweite Lesung. Nach den Beschlüssen der Redaktionskommission.

Druck der Aktiengesellschaft Pionier. Groß-Folio.

228. I. Buch. Allgemeiner Theil. 1892. ([IV], 552, [2] S.)

229. II. Buch. Recht der Schuldverhältnisse.

1.—6. Abschnitt. 1892. ([III], 40 S.; S. 41—42.)

7. Abschnitt. 1893. ([III] S., S. 41—152.)

230. III. Buch. Sachenrecht. 1894. ([III], 120 S.)

231. IV. Buch. Familienrecht. 1894. ([IV], 160 S.)

232. V. Buch. Erbrecht.
VI. Buch. Anwendung ausländischer Gesetze. } 1895. ([III], 138 S.)

Jedem Buche ist angehängt:

Nachweisung der Paragraphen des Entwurfes erster Lesung in dem Entwurfe zweiter Lesung nach den Beschlüssen der Redaktionskommission.

Diese Nachweisung ist ausser bei dem ersten Buche stets in die obige Seitenzählung mit einbegriffen.

---

*) Gleichzeitig wurde berathen:

Entwurf eines Gesetzes, betreffend Aenderungen des Gerichtsverfassungsgesetzes, der Civilprozeßordnung, der Konkursordnung und der Einführungsgesetze zur Civilprozeßordnung und zur Konkursordnung.

Das Ergebniß dieser Berathung war:

Gegenüberstellung der Aenderungen und Ergänzungen der Civilprozeßordnung und der Konkursordnung in der Fassung der Anlage I der Denkschrift zum Entwurf eines Bürgerlichen Gesetzbuches und in der von der Kommission für die zweite Lesung des Entwurfs eines Bürgerlichen Gesetzbuches endgültig beschlossenen Fassung.

Die in den Protokollen erwähnte „Vorläufige Zusammenstellung der Beschlüsse" war nicht zu ermitteln.

233. **Entwurf eines Bürgerlichen Gesetzbuchs für das Deutsche Reich. Zweite Lesung. Nach den Beschlüssen der Redaktionskommission. Auf amtliche Veranlassung.** Berlin, J. Guttentag. 1895. gr. 8°.*)

I. bis III. Buch. Allgemeiner Theil. — Recht der Schuldverhältnisse. — Sachenrecht. 1894. (XXV, [1], 379 S.)

IV. Buch. Familienrecht. 1894. (XV S., S. 381–562.) — Aenderungen und Berichtigungen für Buch I—IV. (S. 563—564.)

V. und VI. Buch. Erbrecht. — Anwendung ausländischer Gesetze. 1895. (XII S., S. 565—712) — Aenderungen und Berichtigungen. (S. 713–722.)

VI.

Die Entwürfe zweiter Lesung im Bundesrath.

234. *Vorlegung des* **Entwurfes eines Bürgerlichen Gesetzbuches für das Deutsche Reich, zweite Lesung,** *sowie einer* **Denkschrift nebst Anlagen zum ersten bis dritten, vierten und fünften Buch** *und Ueberweisung derselben an den Ausschuss für Justizwesen am 24. Oktober 1895.*

---

*) Die Nummern 228—232 wurden zum Gebrauche der Kommissionsmitglieder gedruckt und enthalten deshalb auch bei jedem Paragraphen einen Hinweis auf die entsprechende Stelle in den Kommissionsprotokollen. Nr. 233 ist die vom Reichs-Justizamt veranlaßte und überwachte Ausgabe des Entwurfs in diesem Entwicklungsstadium. Sie enthält eine Reihe von Anmerkungen der Kommission, welche in den nachstehend aufgeführten Buchausgaben gar nicht oder nur zum Theil abgedruckt sind.

In Carl Heymanns Verlag in Berlin erschien:

Entwurf eines Bürgerlichen Gesetzbuchs für das Deutsche Reich. Zweite Lesung. Nach den Beschlüssen der Redaktionskommission. Text-Ausgabe.

Buch I—III. (Allgemeiner Theil. — Recht der Schuldverhältnisse. — Sachenrecht.) 1. und 2. Auflage. 1894. — Buch IV. (Familienrecht.) 1895. — Buch V und VI. (Erbrecht. — Anwendung ausländischer Gesetze.) 1895.

Bei C. E. M. Pfeffer in Leipzig erschien:

Entwurf eines Bürgerlichen Gesetzbuchs für das Deutsche Reich. Zweite Lesung. I.—IV. Buch. — V.—VI. Buch. 1895.

Abgedruckt findet sich die zweite Lesung endlich noch in den: Beiträgen zur Erläuterung des Deutschen Rechts . . . Begründet von J. A. Gruchot. 5. Folge. Beilageheft zum 1. Jg.; Beilageheft 1 und 2 zum 2. Jg.; Beilageheft zum 3. Jg. und 1. Beilageheft zum 4. Jg. Berlin 1892—95.

Eine Zusammenstellung der 1. und 2. Lesung erschien in Carl Heymanns Verlag in Berlin mit dem Titel:

Reatz, die zweite Lesung des Entwurfs eines Bürgerlichen Gesetzbuchs für das Deutsche Reich unter Gegenüberstellung der ersten Lesung. Im Auftrage des Vorstandes des Deutschen Anwaltvereins dargestellt und aus den Protokollen der zweiten Lesung erläutert.

Erster Band. Buch I. bis III. Allgemeiner Theil. — Recht der Schuldverhältnisse. — Sachenrecht. 1894.

Zweiter Band. Buch IV. bis VI. Familienrecht. — Erbrecht. — Anwendung ausländischer Gesetze. 1896.

235. *Vorlegung des* **Entwurfes eines Einführungsgesetzes zum Bürgerlichen Gesetzbuche für das Deutsche Reich, zweite Lesung,***) *und Ueberweisung desselben an den Ausschuss für Justizwesen am 19. Dezember 1895.*

236. *Zustimmung des Bundesraths zu den von seinem Ausschusse beantragten Aenderungen am 16. Januar 1896 und Beschluss, den Entwurf des Bürgerlichen Gesetzbuches in der veränderten Fassung zugleich mit der im Reichs-Justizamt ausgearbeiteten Denkschrift dem Reichstage vorzulegen am 16. Januar 1896.*

237. *Zustimmung des Bundesraths zu den von seinem Ausschusse beantragten Aenderungen und Beschluss, den Entwurf eines Einführungsgesetzes zum Bürgerlichen Gesetzbuche in der veränderten Fassung dem Reichstage vorzulegen am 23. Januar 1896.*

VII.

Die Entwürfe zweiter Lesung im Reichstag.

A. Die Vorlagen.**)

238. **Entwurf eines Bürgerlichen Gesetzbuchs.*****) [Drucksachen Bd. II. Nr. 87. (392 S.) = Anlagen Bd. I. Nr. 87. (S. 446—601.)]

---

*) Eine Zusammenstellung der ersten Lesung des Entwurfs des Einführungsgesetzes mit der zweiten Lesung und dem vom Bundesrath revidirten Entwurf erschien 1896, gleichfalls von Reatz besorgt, in Carl Heymanns Verlag in Berlin mit dem Titel:

Die zweite Lesung des Entwurfs eines Einführungsgesetzes zum Bürgerlichen Gesetzbuch unter Gegenüberstellung der ersten Lesung. Im Auftrage des Vorstandes des Deutschen Anwaltvereins dargestellt und aus den Protokollen der zweiten Lesung erläutert.

**) Die Ueberreichungsschreiben des Reichskanzlers vom 17. und 25. Januar 1896 sind nicht auf einem besonderen Blatte gedruckt, sondern bilden den Anfang der ersten Seite jedes Entwurfes.

***) *Als Buchausgaben der Reichstagsvorlage des Entwurfes eines Bürgerlichen Gesetzbuches erschienen:*

Entwurf eines Bürgerlichen Gesetzbuchs in der Fassung der dem Reichstag gemachten Vorlage. Berlin, J. Guttentag. 1896.
Diese Ausgabe enthält bei jedem Paragraphen den genauen Hinweis auf die entsprechenden Paragraphen des 1. und 2. Entwurfs.

Entwurf eines Bürgerlichen Gesetzbuchs. Dem Reichstag vorgelegt in der vierten Session der neunten Legislaturperiode. Erste bis fünfte Auflage. Berlin, Carl Heymanns Verlag. 1896. (Die vierte Auflage trägt die Bezeichnung: Zum Dienstgebrauch der preußischen Justizbehörden hergestellte Ausgabe.)

Entwurf eines Bürgerlichen Gesetzbuchs für das Deutsche Reich. Reichstagsvorlage. Berlin, O. Liebmann. 1896.

Entwurf eines Bürgerlichen Gesetzbuchs. Dem Reichstage vorgelegt in der vierten Session der neunten Legislaturperiode. Leipzig, C. E. M. Pfeffer. 1896.

Entwurf eines Bürgerlichen Gesetzbuchs. Dem Reichstage vorgelegt in der vierten Session der neunten Legislaturperiode. Besondere Beilage A zu den Beiträgen zur Erläuterung des deutschen Rechts . . . Begründet von J. A. Gruchot. Berlin, F. Vahlen. 1896.

Zu dem Entwurfe des Bürgerlichen Gesetzbuches gehört als Anlage:

239 **Denkschrift*) zum Entwurf eines Bürgerlichen Gesetzbuchs nebst Anlagen I.—III.** [Drucksachen Bd. II. Zu Nr. 87. (VII, 383 S.) = Anlagen Bd. I. Zu Nr. 87. (S. 602—790.)]

Titel der Anlagen:

I. Uebersicht über das in Deutschland geltende bürgerliche Recht. (S. 293—296.)

II Zusammenstellung der aus Anlaß des Bürgerlichen Gesetzbuchs in Aussicht genommenen Aenderungen und Ergänzungen der Civilprozeßordnung und der Konkursordnung, soweit sie für das Verständniß des Gesetzbuchs wesentlich sind. (S. 297—351.)

III. Vergleichende Zusammenstellung der Paragraphen der veröffentlichten Kommissionsentwürfe erster und zweiter Lesung und der Paragraphen des vorliegenden Entwurfes.**) (S. 353—383.)

240. **Entwurf eines Einführungsgesetzes zum Bürgerlichen Gesetzbuche.***)** [Drucksachen Bd. II. Nr. 87a. (41 S.) = Anlagen Bd. I. Nr. 87a. (S. 791—807.)]

---

*) *Als Buchausgabe erschienen:*

Denkschrift zum Entwurf eines Bürgerlichen Gesetzbuchs nebst drei Anlagen. Berlin, J. Guttentag. 1896.

Denkschrift zum Entwurf eines Bürgerlichen Gesetzbuchs nebst drei Anlagen. Dem Reichstag vorgelegt in der vierten Session der neunten Legislaturperiode. Erste bis fünfte Auflage Berlin, Carl Heymanns Verlag. 1896. (Die vierte Auflage trägt die Bezeichnung: Zum Dienstgebrauch der preußischen Justizbehörden hergestellte Ausgabe.)

Denkschrift zum Entwurf eines Bürgerlichen Gesetzbuchs nebst drei Anlagen. Berlin, O. Liebmann. 1896.

Denkschrift zum Entwurf eines Bürgerlichen Gesetzbuchs. Leipzig, C. E. M. Pfeffer. 1896.

Denkschrift zum Entwurf eines Bürgerlichen Gesetzbuchs nebst drei Anlagen. Dem Reichstag vorgelegt in der vierten Session der neunten Legislaturperiode. Besondere Beilage B zu den Beiträgen zur Erläuterung des deutschen Rechts . . Begründet von J. A. Gruchot. Berlin, F. Vahlen. 1896.

**) *Nicht identisch und mit obiger Anlage nicht zu verwechseln ist hiermit*

Vergleichende Zusammenstellung der Paragraphen des Bürgerlichen Gesetzbuchs mit den Paragraphen der Motive und den der Denkschrift zu Grunde liegenden Paragraphen des Entwurfs des Bürgerlichen Gesetzbuchs in der Fassung der Reichstagsvorlage. Berlin, J. Guttentag. 1896.

***) *Als Buchausgabe erschienen:*

Entwurf eines Einführungsgesetzes zum Bürgerlichen Gesetzbuch in der Fassung der dem Reichstag gemachten Vorlage. Berlin, J. Guttentag. 1896.

Diese Ausgabe enthält bei jedem Paragraphen den genauen Hinweis auf die entsprechenden Paragraphen des 1 und 2 Entwurfs.

Entwurf eines Einführungsgesetzes zum Bürgerlichen Gesetzbuch. Nebst den Materialien zu dem dritten Abschnitt des Entwurfs. Dem Reichstage vorgelegt in der vierten Session der neunten Legislaturperiode. Erste bis fünfte Auflage. Berlin, Carl Heymanns Verlag. 1896. (Die vierte Auflage trägt die Bezeichnung: Zum Dienstgebrauch der preußischen Justizbehörden hergestellte Ausgabe.)

Entwurf eines Einführungsgesetzes zum Bürgerlichen Gesetzbuch nebst den Materialien zu dem dritten Abschnitt des Entwurfs. Dem Reichstage vorgelegt in der vierten Session der neunten Legislaturperiode. Besondere Beilage C zu den Beiträgen zur Erläuterung des deutschen Rechts . Begründet von J. A. Gruchot. Berlin, F. Vahlen. 1896.

Zu dem Entwurfe eines Einführungsgesetzes gehört als Anlage:

241. **Materialien zu dem dritten Abschnitte des Entwurfes eines Einführungsgesetzes zum Bürgerlichen Gesetzbuche. (Verhältniß des Bürgerlichen Gesetzbuchs zu den Landesgesetzen.) Auszüge aus den Motiven des Entwurfes erster Lesung und aus den Protokollen zweiter Lesung.***) [Drucksachen Bd. II. Zu Nr. 87 a. (102 S.) = Anlagen Bd. I. Zu Nr. 87 a. (S. 808—854.)]

Beigegeben ist:

242. **Inhaltsverzeichniß zum Bürgerlichen Gesetzbuche und zum Einführungsgesetze.** (XII S.)**)

B. Die Verhandlungen.

Erste Berathung.

242 Einbringung der Entwürfe in der 18. Sitzung am 17. Januar 1896. [Stenographische Berichte Bd. I. S. 390 B — 390 D.]

243. Erste Berathung im Plenum und Ueberweisung an die XII. Kommission. 30.—33. Sitzung vom 3.—6. Februar.***) [Stenographische Berichte Bd. I. S. 705 B — 726; S. 727 B — 749 C; S. 751 B — 774 C. Bd. II. S. 775 C — 793 D.]

244. Verzeichniß der Mitglieder der XII. Kommission. [Stenographische Berichte Bd. II. S. 821 C—D.]

---

*) *Als Buchausgabe erschienen:* Materialien zu dem dritten Abschnitte des Entwurfes eines Einführungsgesetzes zum Bürgerlichen Gesetzbuch. (Verhältniß des Bürgerlichen Gesetzbuchs zu den Landesgesetzen.) Auszüge aus den Motiven des Entwurfes erster Lesung und aus den Protokollen zweiter Lesung. Berlin, J. Guttentag. 1896.

**) Ein alphabetisches Sachregister wurde vom Reichs-Justizamte nicht ausgegeben. *Eine Privatarbeit ist:* „Alphabetisches Sachregister zu dem Entwurf eines Bürgerlichen Gesetzbuches und dem Entwurf eines Einführungsgesetzes in der Fassung der Reichstagsvorlagen nebst einer Uebersicht über die Verweisungen. Erste und zweite Auflage Berlin, Carl Heymanns Verlag. 1896

***) Ein Abdruck aus der ersten Berathung ist in Carl Heymanns Verlag in Berlin 1896 unter dem Titel erschienen: „Zur Einführung des Bürgerlichen Gesetzbuchs in den Reichstag. Reden des Staatssekretärs des Reichs-Justizamts, Wirklichen Geheimen Raths Nieberding, des Geheimen Justizraths Professor Dr Planck und des Professors Dr. Sohm am 3., 4. und 5. Februar 1896."

Die Kommissionsberichte vom 12. Juni 1896:*)

245. *1.* Bericht über den Entwurf eines Bürgerlichen Gesetzbuchs in Verbindung mit dem Entwurfe eines Einführungsgesetzes zum Bürgerlichen Gesetzbuche . . . Erstes Buch, Allgemeiner Theil, und Zweites Buch, Recht der Schuldverhältnisse. Berichterstatter: Enneccerus. [Drucksachen Bd. V. Nr. 440 (124 S.) = Anlagen Bd. III. Nr. 440. (S. 1935—1996.)]

246. *2.* Bericht über den Entwurf eines Bürgerlichen Gesetzbuches. Drittes Buch. Sachenrecht. Berichterstatter: v. Buchka. [Drucksachen Bd. V. Nr. 440a (20 S.) = Anlagen Bd. III. Nr. 440a. (S. 1996—2005.)]

247. *3.* Bericht über den Entwurf eines Bürgerlichen Gesetzbuches und des Einführungsgesetzes zu demselben. Viertes Buch. Familienrecht. Berichterstatter: Bachem. [Drucksachen Bd. V. Nr. 440b (181 S.) = Anlagen Bd. III. Nr. 440b. (S. 2006—2095.)]

248. *4.* Bericht über den Entwurf eines Bürgerlichen Gesetzbuches und eines Einführungsgesetzes zu demselben. Fünftes Buch. Erbrecht. Berichterstatter: Schroeder. [Drucksachen Bd. V. Nr. 440c. (25 S.) = Anlagen Bd. III. Nr. 440c. (S. 2096—2108.)]

249. *5.* Bericht über den Entwurf eines Einführungsgesetzes zum Bürgerlichen Gesetzbuch. Berichterstatter: Schroeder. [Drucksachen Bd. V. Nr. 440d (25 S.) = Anlagen Bd. III. Nr. 440d. (S. 2108—2119.)]

250. Zusammenstellung des Entwurfs eines Bürgerlichen Gesetzbuchs *und eines Einführungsgesetzes zu demselben* nach den Beschlüssen der XII. Kommission. Vom 11. Juni 1896. — Resolutionen. [Drucksachen Bd. V. ad Nr. 440—440d. (75 S.) = Anlagen Bd. III. ad Nr. 440—440d. (S. 2120—2180 resp. S. 2192.)]

---

*) Ein Zusammendruck dieser Berichte und der Kommissionsbeschlüsse erschien in Carl Heymanns Verlag in Berlin mit dem Titel: Bericht der Reichstags-Kommission über den Entwurf eines Bürgerlichen Gesetzbuchs und Einführungsgesetzes nebst einer Zusammenstellung der Kommissionsbeschlüsse. 1896. Folio.

Zweite Berathung.*)

Abänderungsanträge zur zweiten Berathung.**)

	Betrifft:	Antragsteller:	Drucksachen Bd. V. Nr.:	Drucksachen Bd. V. Umfang:	Anlagen Bd. III. Seite:
251.	§§ 6 Nr. 3, 21—85; 104 Abs. 1, 109 Abs. 3, 110, 130, 134, 191 Nr. 8 u. 9, 199, 303, 318, 393, 533, 542, 545, 546, 548, 552—556, 562, 572a, 578, 589, Ueberschrift des sechsten Titels, §§ 604, 608, 609a. Art. 95 des Einführungsgesetzes. §§ 610, 610a, 612, 614, 615, 617—620, 638.	Auer und Genossen.	465.	10 S.	2250—2255.
252.	§ 21.	v. Strombeck.	467.	1 S.	2255.
253.	Zu § 21.	Lenzmann.	475. [475/476.]	1 S.	2259.
254.	§§ 40 u. 41, 57—60.	Ancker und Genossen.	468.	1 S.	2255—2256.
255.	§ 122.	v. Dziembowski-Pomian u. Genossen.	466.	1 S.	2255.
256.	§§ 134 Abs. 2, 248 Abs. 2, 476 Abs. 2, 487, 823 Abs. 2, 1554 Abs. 1, 1673 Satz 1.	Haußmann.	477.	1 S.	2259—2260.
257.	§ 191.	Bassermann.	476. [475/476.]	1 S.	2259.
258.	§ 643b.	v. Dziembowski-Pomian.	479. [479/480.]	1 S.	2260.

*) Als Abdruck davon erschien eine Buchausgabe mit dem Titel: Zweite und dritte Berathung des Entwurfs eines Bürgerlichen Gesetzbuchs im Reichstage. Stenographische Berichte. Berlin, J. Guttentag. 1896. 4°.

**) Die Aneinanderreihung der Anträge erfolgte mit Rücksicht auf die Nummer des ersten Paragraphen, dessen Abänderung in Frage kam. Die beste Uebersicht über die Behandlung eines jeden Paragraphen der Entwürfe in der zweiten und dritten Lesung und die dazu gestellten Abänderungsanträge giebt das „Vorläufige Gesammtregister zu den stenographischen Berichten über die Verhandlungen des Reichstages nebst Anlagen derselben sowie zu den amtlichen Drucksachen des Reichstages für die vierte Session der neunten Legislaturperiode 1895/96.“ *Dies Register wird voraussichtlich nach dem im Jahre 1897 stattfindenden Schluss der vierten Session durch ein endgültiges ersetzt werden.*

	Betrifft:	Antragsteller:	Drucksachen Bd. V. Nr.:	Umfang:	Anlagen Bd. III. Seite:
259.	§ 819.	v. Gültlingen.	474.	1 S.	2259.
260.	§§ 819 u. 819a und Art. 67—70 des Einführungsgesetzes.	v. Mirbach.	469. [469/471.]	1 S.	2256.
261.	§§ 819, 819a, 1346, 1351, 1646, 1907.	v. Stumm-Halberg, Pauli.	446. [446/447.]	1 S.	2197.
262.	§ 819a bezw. Art. 69 des Einführungsgesetzes.	Spahn.	489. [489/490.]	1 S.	2261.
263.	§ 819a des Kommissionsbeschlusses.	Lenzmann.	488.	1 S.	2261.
264.	§§ 823, 1286, 1288, 1293, 1298, 1336, 1337, 1339—1341, 1343 Abs. 2, 1344 Abs. 1, 1346, 1551, 1552, 1567 Abs. 2, 1581, 1598, 1605, 1613, 1638 Satz 2, 1643, 1656, 1673, 1679, 1682—1684, 1688 Abs. 2, 1689 letzter Abs., 1691, 1693 Abs. 1, 1900. Art. 3 od. 53, 20, 29, 34 II, 55—57, 61, 62, 65, 72, 83, 94, 134 des Einführungsgesetzes.	Auer und Genossen.	471. [469/471.]	S. 2—5.	2256—2258.
265.	§§ 851, 1291.	Rintelen.	480.	1 S.	2260.
266.	§ 1300. Berichtigt. Dafür § 1604.	Rintelen.	446. [446/447.]	1 S.	2197.
267	§§ 1300, 1303 Abs. 1. Art. 39 des Einführungsgesetzes. §§ 1280—1330.	v. Roon, Schall.	473.	2 S.	2258—2259.
268.	§§ 1551, 1552.	Lenzmann und Genossen.	472.	1 S.	2258.
269.	§§ 1553, 1554, 1557, 1564, 1613.	Lenzmann und Genossen.	481. [479/481.]	1 S.	2260.
270.	§ 1604 (zu Antrag Nr. 447).	Schmidt (Warburg).	484. [482/484.]	1 S.	2261.
271	§§ 1604, 1604a.	Rintelen, Schmidt (Warburg).	497.	1 S.	2264.
272.	§ 1673.	Haußmann.	482. [482/484.]	1 S.	2260.

	Betrifft:	Antragsteller:	Drucksachen Bd. V. Nr.:	Drucksachen Bd. V. Umfang:	Anlagen Bd. III. Seite:
273.	§ 1783 Nr. 5, 4 u. 6.	Gamp, Lieber (Montabaur), v. Manteuffel.	498.	1 S.	2264.
274.	§ 2205.	Lenzmann.	487.	1 S.	2261.
275.	§§ 2205 Nr. 2, 2218a u. 2218b, 2219—2225, 2227, 2229, 2240.	v. Buchka, Himburg.	483. [482/484.]	1 S.	2260.
276.	§ 2311.	Mirbach.	490. [489/490.]	1 S.	2261.
277.	Art. 5a des Einführungsgesetzes.	Lieber (Montabaur) und Genossen.	495. [495/496.]	1 S.	2264.
278.	Art. 55 des Einführungsgesetzes.	Lieber und Genossen	485. [485/486.]	1 S.	2261.
279.	Art. 67, 68—70 des Einführungsgesetzes.	v. Stumm-Halberg, Pauli.	486. [485/486.]	1 S.	2261.
280.	Art. 86 Abs. 1 des Einführungsgesetzes.	Lieber (Montabaur) und Genossen.	496. [495/496.]	1 S.	2264.
281.	Art. 134 des Einführungsgesetzes.	Gröber (Württembg.), Lieber (Montabaur), Marbe.	499.	1 S.	2265.
282.	Art. 167 des Einführungsges.; §§ 1153, 1783 Ziff. 4.	v. Manteuffel, Himburg, v. Staudy.	470. [469/471.]	1 S.	2256.

283. **Verhandlungen:**

109.—116. Sitzung vom 19.—27. Juni 1896. [Stenographische Berichte Bd. IV. S. 2717D—2753; S. 2757B—2789A; S. 2792A—2817; S. 2821B—2853; S. 2955C—2896, S. 2898D—2900; S. 2901C—2944C; S. 2945D—2990; S. 2992A—3036.]

284. **Beschlüsse:**

Zusammenstellung des Entwurfs eines Bürgerlichen Gesetzbuchs und eines Einführungsgesetzes zum Bürgerlichen Gesetzbuche nach den Beschlüssen des Reichstages in zweiter Berathung. Vom 27. Juni 1896. [Drucksachen Bd. V. Nr. 502. (13 S.) = Anlagen Bd. III. Nr. 502. (S. 2268—2274.)]

Berichtigung *der Beschlüsse betr. §§ 78 u. 1876.* Vom 29. Juni 1896. [Drucksachen Zu Nr. 502. (1 S.) = Anlagen Bd. III. Zu Nr. 502. (S. 2274.)]

Dritte Berathung.

Abänderungsanträge:

	Betrifft:	Antragsteller:	Drucksachen Bd. V. Nr.:	Drucksachen Bd. V. Umfang:	Anlagen Bd. III. Seite:
285.	§ 817 der Regier.=Vorl.	v. Kardorff.	520. [520/521.]	1 S.	2286.
286	§ 817, Satz 2.	Schmidt (Warburg).	521. [520/521.]	1 S.	2286.
287	§ 819.	Haußmann.	514. [512/514.]	1 S.	2285.
288.	§ 823 Abs. 2.	Gröber (Württembg).	510.	1 S.	2284.
289	§§ 1174—1181.	v. Mirbach.	504. [503/504.]	1 S.	2275.
290.	§ 1288.	v. Stumm=Halberg.	506.	1 S.	2284.
291	§ 1288.	Enneccerus.	515.	1 S.	2285.
292.	§§ 1288, 1291.	Rintelen.	503. [503/504.]	1 S.	2275.
293	§§ 1551, 1552.	Munckel.	508.	1 S.	2284.
294.	§§ 1557a, 1557b, 1566a, 1566b u. Ueberschrift des 4. Buches.	Vielhaben und Genossen.	512. [512/514.]	1 S.	2285.
295	§ 1682 (2. Les.).	v. Manteuffel u. Gen.	511.	1 S.	2284.
296.	§ 1693 Zeile 2 u. 3. ev. § 1694.	v. Strombeck.	513. [512/514.]	1 S.	2285.
297	§ 2113 Abs. 2 Zeile 1.	Spahn.	522.	1 S.	2286

Verhandlungen:

298 117.—118. Sitzung vom 18. Juni — 1. Juli 1896. [Stenographische Berichte Bd. IV. S. 3040—3069 und S. 3071 D—3106.]

Beschlüsse:

299. **Zusammenstellung des Entwurfs eines Bürgerlichen Gesetzbuchs und eines Einführungsgesetzes zum Bürgerlichen Gesetzbuch nach den Beschlüssen des Reichstages in dritter Berathung.** Vom 1. Juli 1896. [Drucksachen Bd. V. Nr. 523. (1 S.) = Anlagen Bd. III. Nr. 523. (S. 2287.)]

Umschlagtitel: **Bürgerliches Gesetzbuch und Einführungsgesetz zum Bürgerlichen Gesetzbuche nach den Beschlüssen des Reichstages in dritter Berathung.** Vom 1. Juli 1896. *Für die Sammlung der „Anlagen“ nicht besonders gedruckt.*

300. Bürgerliches Gesetzbuch . . . [Drucksachen ad Nr. 523. (394 S.)]

301. Entwurf eines Einführungsgesetzes zum Bürgerlichen Gesetzbuch . . . [Drucksachen ad Nr. 523 a. (42 S.)]

302. Inhalts-Verzeichniß zum Bürgerlichen Gesetzbuch *und zum Einführungsgesetz. Ohne Nr.* (VI S.)

VIII.

Zustimmung des Bundesraths zu den Reichstagsbeschlüssen und Verkündigung der Gesetze.

303. *Zustimmung des Bundesraths zu den vom Reichstage in veränderter Form angenommenen Entwürfen eines Bürgerlichen Gesetzbuches und des Einführungsgesetzes zu demselben am 14. Juli 1896.*

304. *Vollziehung der Gesetze durch S. M. den Kaiser am 18. August 1896 und Veröffentlichung der Gesetze im Reichsgesetzblatt vom Jahre 1896 Nr. 21 (S. 195—603, 604—650), ausgegeben am 24. August, mit den Titeln:*

Bürgerliches Gesetzbuch

und

Einführungsgesetz zum Bürgerlichen Gesetzbuch.

Druck von Dobrzynski & Walter, Berlin S., Kommandantenstr. 44a.

FSC
www.fsc.org
MIX
Papier | Fördert
gute Waldnutzung
FSC® C083411

Kolibri 360 GmbH
Ferdinand-Jühlke-Straße 7
99095 Erfurt, Deutschland
produktsicherheit@kolibri360.de